ROSE MARIE DONHAUSER

EINFACH Weihnachts-rezepte VEGGIE

FESTTAGS-KÜCHE MIT 2–6 ZUTATEN

EMF

EIN BUCH DER
EDITION MICHAEL FISCHER

GRÜNE WEIHNACHTEN

Nicht nur die Kinder wünschen sich jedes Jahr weiße Weihnachten; aber diesmal gibt es für alle zumindest in der Küche und beim Essen grüne Weihnachten – weil es so schön grünt bei der Zubereitung vegetarischer Gerichte. Kunterbunt wird es außerdem. Es gibt beispielsweise „Fleisch vom Feld" bzw. „Fleisch ohne Knochen": So wird der aus Sojamilch gewonnene Bohnenkäse genannt, weil er, ebenso wie Fleisch, ein ganz wichtiger Eiweißlieferant ist. Oder Sie servieren Quinoa, ein Gänsefußgewächs mit ähnlichen Eigenschaften wie Getreide. Auch Graupen, geschälte und polierte Gersten- oder Weizenkörner, erlauben sehr viel Kreativität in der vegetarischen Küche. Bringen Sie Rotes zum Löffeln wie Tomatensuppe, orangefarbene Kürbissuppe, lila Rotkohlrohkost und leuchtend gelbe Mangos und Ananas auf den Tisch – ein Essen in leuchtender Farbenvielfalt.

Festlich ohne Fleisch und Fisch zu speisen ist nicht nur eine Lebenseinstellung, sondern bietet generell gesunde Aussichten – über Weihnachten hinaus. Die grüne Weihnachtsküche ist eine Winterküche mit viel Abwechslung und gleichzeitig eine wärmende Wohlfühlküche für alle.

Viele Gerichte in diesem Büchlein lassen sich wunderbar miteinander kombinieren, sodass Sie daraus problemlos auch für Ihre Gäste Zwei- oder Drei-Gänge-Menüs zusammenstellen können.

Ich wünsche Ihnen entspannte kulinarische Weihnachten!

Rose Marie Donhauser

INHALT

GRUNDLAGEN

Vollzeit- oder Teilzeit-Vegetarier?

An Weihnachten treffen sich Familie und Freunde, die in ihrer Ernährung oft nicht unterschiedlicher sein könnten: vom Mischköstler über Vegetarier bis zum Veganer, dazu kommen oft noch Familienmitglieder oder Freunde mit Nahrungsmittelunverträglichkeiten – eine kreative Herausforderung, wenn alle verköstigt werden sollen.

In der vegetarischen Küche finden Ihre Gäste eine gemeinsame „kulinarische Annäherung". Manche der Rezepte in diesem Buch sind vegan, etwa der Quinoasalat mit Mangodressing (S. 10), die Bunte Gemüsebrühe (S. 18) oder das Seitan-Gulasch mit Paprikaschoten (S. 46). Auch für Allergiker, etwa mit Laktoseintoleranz oder Glutenunverträglichkeit, ist einiges dabei. Natürlich empfiehlt es sich trotzdem, sich vor den Feiertagen mit den Gästen abzusprechen; vielleicht übernehmen ja auch einzelne eine kleine „Koch-Aufgabe".

Zudem freuen sich „Vollzeit-Vegetarier" bestimmt über neue Anregungen und Ideen, wie sie mit wenigen Zutaten und ohne immensen Zeitaufwand in der Küche grüne Weihnachten festlich genießen können.

Mittagessen, Abendessen oder Brunch?

Alle Rezepte in diesem Buch können zu Zwei- oder Drei-Gänge-Menüs mit Vorspeise, Hauptgericht und/oder Dessert kombiniert werden. Entsprechende Kombinationstipps finden Sie bei den Rezepten.

Wählen Sie etwa für einen Brunch, der an gemütlichen Feiertagen den ganzen Tag dauern kann, einfach ein Hauptgericht, dazu eventuell ein bis zwei Vorspeisen und als süßen Abschluss ein Dessert. Planen Sie außerdem großzügig frische Brötchen, Brotaufstriche und -beläge, Obst und Müsli oder Joghurt ein. Kaffee, Tee, Orangensaft (oder andere Softgetränke) sowie Sekt oder Champagner gehören zu einem perfekten Brunch dazu.

Planung und Einkauf

Damit die Feiertage stressfrei und genussvoll zelebriert werden können, sind Planung und Einkauf das A und O. Fast alle Zutaten für die Rezepte können bequem einige Tage vor den Weihnachtstagen eingekauft werden, da sie gut lagerfähig sind. Ob nun Ananas und Mandarinen oder Möhren und Kohlrabi – es sind keine empfindlichen Produkte, die nur kurze Haltbarkeit haben. Trockenwaren wie Quinoa, Graupen, Tagliatelle, Mandeln, Walnüsse oder Polenta können sogar schon Wochen vorher eingekauft werden. So ist schon ein großer Schritt zum entspannten Weihnachtskochen getan – im letzten Moment müssen Sie dann nur noch frische Salate zubereiten und sich um die Tischdeko kümmern.

Vorratshaltung

Auch in einer eher dürftig bestückten Küche sollten bestimmte Grundzutaten immer vorrätig sein. Dazu gehört ein kleines **Gewürzregal** mit Salz, Pfeffer, edelsüßem Paprikapulver, Rosenpaprika, Currypulver, Cayennepfeffer, Muskatnuss und Zimt sowie gerebeltem Oregano und Rosmarin.

Auch **Pflanzenöl** ist eine Basiszutat, die unbedingt in den Vorrat gehört. Gemeint ist damit ein geschmacklich neutrales und gleichzeitig hoch erhitzbares Pflanzenöl. Gute Beispiele sind Rapsöl und (raffiniertes) Sonnenblumenöl. Vorsicht: Kalt gepresste Öle – dazu gehören auch Bio-Sonnenblumenöl und natives Olivenöl extra – sind nicht geschmacksneutral und können in der Regel weniger stark erhitzt werden als ihr raffiniertes Gegenstück; sie eignen sich nicht zum scharfen Anbraten. Dennoch kann man die meisten Olivenöle, auch native, entgegen der allgemeinen Meinung zum schonenden (!) Anbraten verwenden. Wie stark sich ein Öl erhitzen lässt, hängt vom sogenannten Rauchpunkt ab: Wenn das Öl in der Pfanne beginnt zu rauchen, ist die Temperatur zu hoch und es entstehen Giftstoffe. Wenn in den Rezepten **Olivenöl** genannt ist, ist immer natives Olivenöl extra als Geschmacksträger gemeint.

Welches Handwerkszeug?

Für die Rezepte in diesem Buch benötigen Sie keine komplizierten Küchengeräte. Schneebesen, Pürierstab, Standmixer oder Handrührgerät sowie ein Haarsieb sind nicht nur zum Passieren von Brühen oder Soßen nützliche Küchenhelfer. Ein Spiralschneider oder als Ersatz ein Sparschäler, Backpapier, Alufolie und Klarsichtfolie sowie kleine Holzspießchen und lange Schaschlikspieße leisten ebenfalls gute Dienste. Zur Grundausstattung gehören außerdem ein Backblech, Pfannen, Töpfe, Schüsseln, Pfannenwender, Kochlöffel, Schneidebrettchen und scharfe Messer.

Backofentemperaturen

Bei Backofengerichten beziehen sich die Temperaturangaben auf Ober-/Unterhitze. Manchmal wird noch die Grillstufe zugeschaltet. Arbeiten Sie mit Umluft, dann stellen Sie die Temperatur um 20 °C niedriger ein. Meistens wird auf der mittleren Schiene gegart oder gebacken.

Portionsangaben

Bei allen Rezepten sind die Zutaten für 4 Personen angegeben – oder für eine bestimmte Backform, etwa eine Springform wie beim Kartoffelkuchen mit Zucchini (S. 50). Die Rezepte können Sie nach Bedarf halbieren oder verdoppeln. Manchmal ist es auch schön, wenn etwas übrig bleibt – über Reste im Kühlschrank freuen sich „Naschgäste“.

„Wir warten aufs Christkind“: Maroni

Die Stunden vor der Bescherung vergehen besonders langsam. Oftmals schwirren Familie und Freunde neugierig um die Küche herum. Stellen Sie für diese Naschkatzen heiße Maroni bereit. Dafür etwa 250 g frische Esskastanien auf der gewölbten Seite kreuz und quer ein-, aber nicht durchschneiden. Auf ein mit Wasser gespültes Backblech geben und im vorgeheizten Backofen bei 220 °C (Ober-/Unterhitze) auf der mittlere Schiene backen. Sobald sich die Schale nach oben wölbt – nach etwa 20–25 Minuten – herausnehmen.

TIPP

Servieren Sie als Hauptgericht ***Vegetarische Kohlrabischnitzel*** *(S. 42) und als Dessert* ***Parfait mit Zimt*** *(S. 58).*

1 

2 

3 

4 

5 

6 

4 *Personen* | **25 MIN** *Zubereitung* | *Pflanzenöl, Salz, Pfeffer*

CAESAR SALAD
das Original

4 Scheiben *Toastbrot*

1 großer *Romanasalat*

½ TL *mittelscharfer Senf*

1 *Eigelb*

2 EL *Weißweinessig*

100 g *Parmesan, frisch gerieben*

Die **Brotscheiben** in 5 mm kleine Würfel schneiden. In einer Pfanne 2 Esslöffel **Pflanzenöl** erhitzen und das **Brot** darin von allen Seiten 1–2 Minuten rösten. Die Pfanne vom Herd nehmen. Den **Romanasalat** putzen, quer in Streifen schneiden, waschen und gründlich abtropfen lassen.

Mit einem elektrischen Handrührgerät **Senf** und **Eigelb** verrühren; langsam 80 ml **Pflanzenöl** zugießen, sodass eine cremige Soße entsteht. Mit **Weißweinessig** und eventuell 1–2 Esslöffel Wasser verrühren, mit **Salz** und **Pfeffer** würzen.

Die **Romanastreifen** mit der Salatsoße sowie dem **Parmesan** locker vermischen. Den Salat auf Tellern verteilen und die **Croûtons** darüberstreuen.

TIPP

Richten Sie den Quinoasalat auf einzelnen Eisbergsalatblättern an und servieren ihn als Vorspeise; anschließend schmeckt die **Tomatensuppe mit Parmesanplätzchen** *(S. 22) und als Dessert das* **Parfait mit Zimt** *(S. 58).*

1

2

3

4

5

6

4 *Personen* | **30 MIN** *Zubereitung* | *Olivenöl, Salz, Pfeffer, Currypulver, Chilipulver*

QUINOASALAT
mit Mangodressing

200 g *weiße Quinoa*

400 ml *Gemüsebrühe*

1 *saftige Mango*

Saft von **1** *Mandarine*

1 kleine *rote Zwiebel*

2 *mürbe Äpfel*

Die **Quinoa** in ein Sieb geben, unter fließendem kaltem Wasser waschen und abtropfen lassen. In einem Topf 2 Esslöffel **Olivenöl** erhitzen, darin die **Quinoa** unter Rühren 1 Minute braten. Mit **Salz, Pfeffer** und **Currypulver** würzen.

Die **Quinoa** mit der **Gemüsebrühe** aufgießen und einmal aufkochen. Sofort die Hitze reduzieren und die **Quinoa** ausquellen lassen.

Für das Dressing die **Mango** schälen, klein schneiden und mit 2 Esslöffel **Olivenöl** und der Hälfte **Mandarinensaft** mit einem Stabmixer pürieren. Mit **Chilipulver, Salz** und **Pfeffer** würzen.

Zwiebel schälen und fein würfeln. **Äpfel** waschen, schälen, vierteln, vom Kerngehäuse befreien und in kleine Würfel schneiden. **Zwiebel** und **Äpfel** mit dem restlichen **Mandarinensaft** vermischen, locker mit Dressing und **Quinoa** vermengen.

1 

2 

3 

4 

5 

4 *Personen* | **15 MIN** *Zubereitung* | *Olivenöl, Salz, Pfeffer*

FELDSALAT
mit Walnüssen

2 EL *Walnusskerne*
100 g *Feldsalat*
1 *Zwiebel*
2 EL *Weißweinessig*
1 TL *Honig*

Die **Walnusskerne** grob hacken und in einer beschichteten Pfanne ohne Fett 1–2 Minuten rösten, dann beiseitestellen.

Feldsalat putzen, gründlich waschen und abtropfen lassen. Die **Zwiebel** schälen und fein würfeln.

Für das Dressing die **Zwiebel** mit 3 Esslöffel **Olivenöl, Weißweinessig** und **Honig** verrühren. Den **Feldsalat** mit den **Walnusskernen** und dem **Dressing** locker vermengen. Mit **Salz** und **Pfeffer** würzen.

TIPP

Als Hauptgericht passen **Vegetarische Kohlrabischnitzel** *(S. 42) oder* **Pilzbratlinge mit Petersilie** *(S. 44) und* **Glasierte Möhren** *(S. 30).*

1

2

3

4

5

6

4 *Personen* | **20 MIN** *Zubereitung* | *Salz, Pfeffer, Currypulver, Cayennepfeffer*

ANANASSALAT MIT Curry-Orangen-Dressing

1 *Chicorée*

1 *frische saftige Babyananas*

1 *Zwiebel*

2 *Romanasalatherzen*

200 g *Hüttenkäse*

Saft von **1** *Orange*

Den **Chicorée** waschen, längs halbieren, vom Strunk befreien und quer in Streifen schneiden. Die **Ananas** schälen, vierteln, den Strunk entfernen und das Fruchtfleisch in kleine Stücke schneiden.

Die **Zwiebel** schälen und in Ringe schneiden, diese halbieren. Die **Romanasalatherzen** in Blätter zerteilen, diese waschen und trocken schwenken. Die **Salatblätter** auf 4 Tellern jeweils kreisförmig anrichten.

Den **Hüttenkäse** mit **Orangensaft** verrühren und mit **Salz, Pfeffer, Currypulver** sowie mit **Cayennepfeffer** würzen. Die Soße mit **Chicorée, Ananas** und **Zwiebelstreifen** locker vermengen und auf den **Kopfsalatblättern** anrichten. Mit **Currypulver** bestäuben.

1 

2 

3 

4 

4 *Personen* | **40 MIN** *Zubereitung* | *Pflanzenöl, Salz, Pfeffer, Currypulver, Cayennepfeffer*

KÜRBISSUPPE
mit Kokos

1 großer *Hokkaido-Kürbis (ca. 1 kg)*

1 Stück *frischer Ingwer (3–4 cm)*

500 ml *Gemüsebrühe*

400 ml *Kokosmilch (Dose)*

Den **Kürbis** waschen und ungeschält in kleine Stücke schneiden, dabei Kerne und Fasern entfernen. Den **Ingwer** schälen und klein würfeln. 2 Esslöffel **Pflanzenöl** in einem Topf erhitzen, den **Ingwer** darin kurz andünsten.

Die **Kürbisstücke** hinzufügen und unter Rühren etwa 5 Minuten anbraten. Die **Gemüsebrühe** dazugießen, mit **Salz, Pfeffer, Currypulver** und **Cayennepfeffer** würzen. Alles aufkochen und etwa 10 Minuten köcheln lassen. Den **Kürbis** mit einem Pürierstab cremig pürieren. Die **Kokosmilch** untermischen. Die Suppe erwärmen und noch einmal abschmecken.

VARIANTE

Die Kokosmilch durch Sahne oder Crème fraîche ersetzen. Zusätzlich mit gehacktem Koriandergrün oder Kerbel verfeinern.

TIPP

Die berühmte Sojasoße war das Vorbild für die nicht minder berühmte Maggisoße. Als Hauptgericht schmeckt ***Graupengemüse mit Räuchertofu*** *(S. 40) und als Dessert* ***Gorgonzola mit Feigen und Mandeln*** *(S. 60).*

1

2

3

4

5

6

4 *Personen* | **30 MIN** *Zubereitung* | *Salz, Pfeffer*

Bunte GEMÜSEBRÜHE

150 g *Sojabohnenkeimlinge*
250 g *Chinakohl*
250 g *Brokkoli*
250 g *braune Champignons*
1 l *Gemüsebrühe*
1–2 EL *helle Sojasoße*

Die **Sojabohnenkeimlinge** waschen und abtropfen lassen. Den **Chinakohl** in Blätter zerteilen, diese waschen und in schmale Streifen schneiden. **Brokkoli** putzen, in Röschen teilen, waschen und abtropfen lassen. **Champignons** putzen und je nach Größe halbieren oder vierteln.

Die **Gemüsebrühe** aufkochen und nacheinander die Gemüsesorten einlegen. Die Hitze reduzieren und das Gemüse etwa 5 Minuten in der **Brühe** ziehen lassen. Mit **Sojasoße** würzen und mit **Salz** und **Pfeffer** abschmecken.

TIPP

Bestreuen Sie die Suppe nach Belieben mit frisch gehacktem Möhrengrün.

1

2

3

4

5

4 *Personen* | **30 MIN** *Zubereitung* | *Pflanzenöl, Salz, Pfeffer, Currypulver*

MÖHRENSUPPE
mit Orange

500 g *Möhren (mit Grün, nach Belieben)*

1 Stück *frischer Ingwer (ca. 3–4 cm)*

1 l *Gemüsebrühe*

Saft und abgeriebene Schale von **1** *Bio-Orange*

200 g *Sahne*

Die **Möhren** putzen, schälen und auf einem Gemüsehobel grob raspeln. Den **Ingwer** schälen und fein würfeln. 3–4 Esslöffel **Pflanzenöl** in einem Topf erhitzen, die **Ingwerwürfel** darin kurz andünsten.

Die **Möhrenraspel** hinzufügen, mit **Salz, Pfeffer** und **Currypulver** würzen und etwa 2 Minuten mitdünsten. Die **Gemüsebrühe** dazugießen. **Orangensaft** und **-schale** unterrühren. Alles aufkochen und etwa 5 Minuten köcheln lassen, dann mit einem Pürierstab cremig pürieren. **Sahne** einrühren. Die Suppe erwärmen und noch einmal abschmecken.

TIPP

Im Winter schmecken Tomaten aus der Dose meist aromatischer als frische. Als Hauptgericht ***Seitan-Gulasch mit Paprikaschoten*** *(S. 46) und zum Abschluss* ***Schokoladenpudding*** *(S. 56) servieren.*

1

2

3

4

5

6

4 *Personen* | **30 MIN** *Zubereitung* | *Pflanzenöl, Salz, Pfeffer*

TOMATENSUPPE
mit Parmesanplätzchen

1 *Knoblauchzehe*

1 *Zwiebel*

800 g *geschälte Tomaten mit Saft (Dose)*

200 g *Sahne*

100 g *Parmesan*

1 kleines Bund *Basilikum*

Knoblauch und **Zwiebel** schälen und fein würfeln. Den Backofen auf 200 °C (Ober-/Unterhitze) vorheizen, ein Backblech mit Backpapier auslegen.

1 Esslöffel **Pflanzenöl** in einem Topf erhitzen, die **Knoblauch-** und **Zwiebelwürfel** darin glasig dünsten. **Tomaten mit Saft** hinzufügen, kurz mitdünsten und mit **Salz** und **Pfeffer** würzen. Die **Sahne** zugießen und alles mit einem Stabmixer pürieren. Suppe aufkochen, dann bei mittlerer Hitze etwa 10 Minuten leise köcheln lassen.

Inzwischen den **Parmesan** fein reiben. Kleine Plätzchen auf das Backblech streuen, leicht andrücken und etwa 10 Minuten im Ofen backen. **Basilikum** waschen, abzupfen und in Streifen schneiden. Die Suppe nochmals abschmecken, auf Suppenschalen verteilen, mit **Parmesanplätzchen** belegen und mit **Basilikumstreifen** garnieren.

TIPP

*Danach den **Kartoffelkuchen mit Zuccini** (S. 50) servieren. Zum Abschluss schmeckt das **Parfait mit Zimt** (S. 58).*

1

2

3

4

5

6

4 *Personen* | **40 MIN** *Zubereitung* | *Salz, Pfeffer, gerebelter Oregano; Küchengarn*

WIRSINGPÄCKCHEN
mit Feta

8 *Wirsingblätter*
250 g *Fetakäse*
½ kleines Bund *Petersilie*
50 g *getrocknete Tomaten in Olivenöl*
1,5 l *Gemüsebrühe*
6 *braune Champignons*

Die **Wirsingblätter** 2 Minuten in kochend heißem **Salzwasser** blanchieren. Herausnehmen, mit kaltem Wasser abschrecken, den Strunk flach schneiden und die Blätter mit einem Nudelholz plattieren.

Den **Fetakäse** klein würfeln. **Petersilie** fein hacken. **Tomaten** sehr klein schneiden, 1 Esslöffel ihres **Olivenöls** abnehmen. **Feta, Petersilie** und **Tomaten** damit verrühren. Mit **Salz, Pfeffer** und **Oregano** würzen, auf den **Wirsingblättern** verteilen, diese einrollen und mit Küchengarn zu Päckchen verschnüren.

In einem breiten Topf die **Gemüsebrühe** erhitzen, dann die Temperatur reduzieren. Die **Wirsingpäckchen** hineingeben und bei geringer Hitze 10–15 Minuten ziehen lassen. Die **Champignons** vierteln und ebenfalls in der **Brühe** 5 Minuten ziehen lassen. Die **Wirsingpäckchen** sowie die **Champignons** auf tiefe Teller verteilen und mit der **Brühe** übergießen.

TIPP

Mischen Sie nach Belieben frisch gehackte Petersilie und grob gehackte Walnusskerne unter den Rotkohl.

1 

2 

3 

4 *Personen* | **30 MIN** *Zubereitung* **2 STD** *Kühlzeit* | *Salz, Pfeffer, Olivenöl*

ROTKOHLROHKOST
mit Orangensaft

1 *Rotkohl*

2 EL *Granatapfelsirup*

2 *Orangen*

Den **Rotkohl** von den äußeren Blättern befreien, halbieren und den Strunk entfernen. Die Hälften waschen und mit dem Gemüsehobel in feine Streifen hobeln. Mit **Salz** und **Pfeffer** würzen und mit dem **Granatapfelsirup** vermengen.

Den Saft der **Orangen** auspressen und mit dem **Rotkohl** vermischen. Die Rohkost abgedeckt 2 Stunden im Kühlschrank ziehen lassen. Vor dem Servieren mit 4 Esslöffel **Olivenöl** vermengen und nochmals abschmecken.

1 

2 

4 *Personen* | **30 MIN** *Zubereitung* | *Olivenöl, Salz, Pfeffer*

OFENTOMATEN
mit Gorgonzola

1 kg *mittelgroße Strauchtomaten (8–12 Stück)*

300 g *Gorgonzola dolce*

Den Backofen auf 200 °C (Ober-/Unterhitze) vorheizen. Eine Auflaufform mit 1 Esslöffel **Olivenöl** auspinseln. Die **Strauchtomaten** waschen und mit Küchenpapier abtrocknen. Von jeder **Tomate** einen kleinen Deckel abschneiden, die **Tomaten** innen etwas aushöhlen.

Von dem **Gorgonzola** kleine Portionen abstechen, diese in die **Tomaten** setzen und eindrücken. Den Deckel aufsetzen. Die **Tomaten** in die Auflaufform geben und mit etwas **Olivenöl** beträufeln, leicht mit **Salz** und **Pfeffer** würzen.

Die **Tomaten** in die Auflaufform setzen und im Backofen (mittlere Schiene) etwa 20 Minuten schmoren. Lauwarm oder kalt servieren.

TIPP

Die Möhren schmecken zu den ***Pilzbratlingen mit Petersilie*** *(S. 44) oder zum* ***Seitan-Gulasch mit Paprikaschoten*** *(S. 46).*

1 

2 

3 

4 *Personen* | **25 MIN** *Zubereitung* | *Salz, Pfeffer*

Glasierte MÖHREN

800 g *junge Möhren mit Grün*

2 EL *Butter*

1 EL *Zucker*

Die **Möhren** putzen, schälen und in dünne Scheiben schneiden. Das **Grün** waschen, trocken schütteln und fein hacken; beiseitestellen. Die **Möhrenscheiben** in kochendes **Salzwasser** geben und einmal aufkochen. **Möhren** abgießen, dabei etwa 100 ml Kochwasser auffangen und ebenfalls beiseitestellen.

Die **Butter** in einem Topf erhitzen, bis sie schäumt. Den **Zucker** darin auflösen. Die **Möhrenscheiben** hinzufügen, mit **Salz** und **Pfeffer** würzen und 2–3 Minuten in der **Butter** schwenken. Die **Möhren** mit dem Kochwasser beträufeln und mit dem gehackten **Grün** bestreuen.

TIPP

Servieren Sie diese Klöße zum ***Seitan-Gulasch mit Paprikaschoten*** *(S. 46).*

1 

2 

3 

4 

4 *Personen* | **45 MIN** *Zubereitung* **30 MIN** *Ruhezeit* | *Salz*

KARTOFFELKLÖSSE
halb und halb

500 g *Pellkartoffeln vom Vortag*
500 g *mehligkochende Kartoffeln*
2 *Eier*
100 g *Mehl*

Die **Pellkartoffeln** pellen und auf einer Küchenreibe grob raspeln. Die rohen **Kartoffeln** waschen, schälen, ebenfalls reiben und mit den Händen fest ausdrücken. Die **Eier** mit 1 Teelöffel **Salz** in einer Schüssel verquirlen, mit **Mehl** sowie den gekochten und rohen geriebenen **Kartoffeln** zu einem Teig verkneten. Den Teig im Kühlschrank 30 Minuten abgedeckt ruhen lassen.

Aus dem Teig mit feuchten Händen 8 große oder 12 kleine Klöße formen. In siedendem **Salzwasser** etwa 20 Minuten ziehen lassen. Anschließend die Klöße herausnehmen und abtropfen lassen.

TIPP

Bei diesem frischen „Käsefondue" fließen Vorspeise und Hauptgericht ineinander. Vielleicht hat noch ein ***Schokoladenpudding*** *(S. 56) als Dessert Platz?*

1 

2 

3 

4 

5 

6 

4 *Personen* | **30 MIN** *Zubereitung* | *Pfeffer*

KÄSEPOTT
mit Prosecco

1 *Knoblauchzehe*
300 g *junger Gouda*
200 g *alter Gouda*
100 g *Edamer*
1 EL *Mehl*
250 ml *Prosecco (oder trockener Weißwein)*

Die **Knoblauchzehe** schälen, halbieren und ein Caquelon (oder einen Fonduetopf) damit ausreiben. Die drei **Käsesorten** grob reiben und zusammen mit **Mehl** und **Prosecco** in den Topf geben. Unter ständigem Rühren den **Käse** langsam schmelzen. Mit **Pfeffer** würzen. Den Topf mit dem „Käsefondue" auf einem Rechaud auf den Tisch stellen.

ZUM DIPPEN

Selleriestangen, Champignons, Ananasstücke, Weintrauben, Cocktailtomaten, Fenchelstücke, Zucchini, Birne, Apfelschnitze

TIPP

Die Milch neutralisiert den Knoblauchgeruch vollständig. Im Originalrezept werden in Salz eingelegte Sardellen mitverwendet.

1 

2 

3 

4 

4 *Personen* | **30 MIN** *Zubereitung* | *Olivenöl, Salz, Pfeffer*

BAGNA CAUDA
Dipsoße aus dem Piemont

1 Knolle *Knoblauch*
500 ml *Milch*
1 großes *Baguette*
250 g *Möhren*

Knoblauchknolle zerteilen, die **Zehen** schälen und in einem Topf mit der **Milch** aufkochen. Die Temperatur reduzieren und bei geringer Hitze den **Knoblauch** in etwa 20 Minuten zu Mus kochen. **Baguette** in mundgerechte Stücke schneiden; die **Möhren** schälen und in 1 cm dicke Scheiben schneiden.

Vom **Knoblauchmus** überschüssige **Milch** abgießen und das Mus mit 200 ml **Olivenöl** unter Rühren vorsichtig erhitzen. Mit **Salz** und **Pfeffer** würzen. Das „warme Bad" in einem Fonduetopf oder Caquelon auf einem Rechaud auf den Tisch stellen. **Brotstücke** und **Möhrenscheiben** dazu reichen.

ZUM DIPPEN

Selleriestangen, Champignons, Ananasstücke, Weintrauben, Cocktailtomaten, Fenchelstücke, Zucchini, Birne, Apfelschnitze

TIPP

Servieren Sie nach diesem sättigenden Hauptgericht einen leichten ***Aprikosenquark mit Mandeln*** *(S. 54).*

1

2

3

4

4 *Personen* | **30 MIN** *Zubereitung* | *Salz, Pfeffer, Muskatnuss*

KÄSESPÄTZLE
mit Röstzwiebeln

1 *große Zwiebel*

2 EL *Butter*

800 g *Eierspätzle (aus der Kühltheke)*

150 g *geriebener Käse (z. B. Emmentaler)*

Die **Zwiebel** schälen, halbieren und in Ringe schneiden. 1 Esslöffel **Butter** in einer Pfanne erhitzen und die **Zwiebelringe** darin 6–7 Minuten rösten.

In einer zweiten Pfanne 1 Esslöffel **Butter** erhitzen, die **Eierspätzle** darin unter Schwenken erhitzen. Die **Spätzle** mit **Salz, Pfeffer** und 1 Prise frisch geriebener **Muskatnuss** würzen. Den **Käse** darüberstreuen, den Deckel auflegen und die **Spätzle** braten, bis der **Käse** geschmolzen ist. Mit den **Röstzwiebeln** anrichten und sofort servieren.

TIPP

Als Vorspeise die ***Tomatensuppe mit Parmesanplätzchen*** *(S. 22) und als Dessert* ***Schokoladenpudding*** *(S. 56) servieren.*

1

2

3

4

5

6

4 *Personen* | **45 MIN** *Zubereitung* | *Pflanzenöl, Salz, Pfeffer*

GRAUPENGEMÜSE
mit Räuchertofu

½ Bund *Suppengemüse*
1 kleines Bund *gemischte Kräuter*
250 g *Graupen*
100 ml *trockener Weißwein*
500 ml *Gemüsebrühe*
500 g *Räuchertofu*

Suppengemüse putzen und waschen, **Möhre** und **Sellerie** schälen. Das vorbereitete **Gemüse** in sehr kleine Würfel schneiden. **Kräuter** waschen, trocken schwenken; die Blätter abzupfen und fein hacken.

3 Esslöffel **Pflanzenöl** in einem Topf erhitzen; die **Gemüsewürfel** darin einige Minuten andünsten. Die **Graupen** einstreuen und unter Rühren 2–3 Minuten andünsten. Mit **Weißwein** ablöschen, mit der **Gemüsebrühe** aufgießen. Mit **Salz** und **Pfeffer** würzen. Aufkochen, dann die Hitze reduzieren. Einen Deckel aufsetzen und die **Graupen** bei geringer Hitze in 30–35 Minuten garen.

Kurz vor Ende der Garzeit den **Räuchertofu** in mundgerechte Stücke schneiden. 3 Esslöffel **Pflanzenöl** in einer Pfanne erhitzen, den **Tofu** darin rundherum knusprig anbraten. **Graupengemüse** nochmals abschmecken, die **Kräuter** unterheben und auf Teller verteilen. Die **Tofustücke** darauf anrichten.

TIPP

Zu diesen Kohlrabischnitzeln schmeckt die ***Rotkohlrohkost mit Orangensaft*** *(S. 26).*

1

2

3

4

4 *Personen* | **30 MIN** *Zubereitung* | *Salz, Pfeffer, Pflanzenöl*

Vegetarische KOHLRABISCHNITZEL

2 *Kohlrabi*

2 *Eier*

150 g *Mehl*

200 g *Semmelbrösel*

Kohlrabi schälen und in 1 cm dicke Scheiben schneiden. Die Scheiben mit **Salz** und **Pfeffer** würzen.

Die **Eier** verquirlen. Auf drei separaten Tellern **Mehl**, **Eier** und die **Semmelbrösel** bereitstellen. Zum Panieren die **Kohlrabischeiben** zuerst im **Mehl** wenden, dann durch die **Eier** ziehen und zuletzt in den **Semmelbröseln** wenden.

5 Esslöffel **Pflanzenöl** in einer Pfanne erhitzen und die **Kohlrabischnitzel** darin bei mittlerer Hitze auf jeder Seite in 2–3 Minuten knusprig und goldbraun braten. Die **Kohlrabischnitzel** herausnehmen und auf Küchenpapier entfetten.

TIPP

Im Winter machen tiefgekühlte Pilze wie Pfifferlinge oder Steinpilze die Bratlinge geschmacksintensiver.

1

2

3

4

5

6

4 *Personen* | **40 MIN** *Zubereitung* | *Pflanzenöl, Salz, Pfeffer*

PILZBRATLINGE
mit Petersilie

4 *Brötchen (1–2 Tage alt)*

250 g *braune Champignons*

1 kleine *Zwiebel*

1 EL *frisch gehackte Petersilie*

2 *Eier*

50 g *Semmelbrösel*

Die **Brötchen** in Wasser einweichen und danach gut ausdrücken. Die **Pilze** abreiben (oder kurz abbrausen und trocken reiben), putzen und klein schneiden. Die **Zwiebel** schälen und fein würfeln.

2 Esslöffel **Pflanzenöl** in einer Pfanne erhitzen, **Zwiebelwürfel** und **Pilze** darin einige Minuten andünsten. Abkühlen lassen, dann mit **Eiern** und **Brot** verkneten. Falls der Teig zu weich ist, mehr **Semmelbrösel** beimischen. Mit **Salz** und **Pfeffer** würzen.

Aus dem Pilzteig Bratlinge formen. In einer größeren Pfanne 5–6 Esslöffel **Pflanzenöl** erhitzen und darin die Pilzbratlinge von beiden Seiten jeweils in 5–6 Minuten knusprig braten.

TIPP

Nach Belieben mit etwas Kümmel, geriebener Bio-Zitronenschale und frisch gehackter Petersilie würzen.

1

2

3

4

5

6

4 *Personen*	**40 MIN** *Zubereitung*	*Pflanzenöl, edelsüßes Paprikapulver, Rosenpaprika, Salz, Pfeffer*

SEITAN-GULASCH
mit Paprikaschoten

1 große *Zwiebel*
2 *Knoblauchzehen*
1 *rote Paprikaschote*
500 g *Seitan*
2 EL *Tomatenmark*
500 ml *Gemüsebrühe*

Zwiebel und **Knoblauch** schälen, beides würfeln. Die **Paprikaschote** putzen, waschen und ebenfalls in Würfel schneiden. Den **Seitan** in etwa 2 x 2 cm große Stücke schneiden.

In einem Topf 3 Esslöffel **Pflanzenöl** erhitzen und die **Seitanstücke** darin von allen Seiten kurz braten; herausnehmen. 2 Esslöffel **Pflanzenöl** in die Pfanne geben, **Zwiebelwürfel** in etwa 10 Minuten glasig dünsten. **Paprika** zugeben, weitere 5 Minuten braten, bei Bedarf etwas Wasser zugeben. Mit je 1 Esslöffel **edelsüßem Paprikapulver** und **Rosenpaprika** bestreuen, mit **Tomatenmark** kurz durchrösten.

Mit **Gemüsebrühe** aufgießen, kurz aufkochen und die **Seitanstücke** einrühren. Mit **Salz** und **Pfeffer** würzen und einige Minuten leise köcheln lassen.

TIPP

Statt Polenta können Sie die ***Kartoffelklöße*** *(S. 32) zu Miniknödeln formen und zum Austernpilzrahm servieren. Als Vorspeise passt* ***Bunte Gemüsebrühe*** *(S. 18) und als Dessert* ***Parfait mit Zimt*** *(S. 58).*

1

2

3

4

5

6

4 *Personen* | **40 MIN** *Zubereitung* *Kühlzeit* | *Pflanzenöl, Salz, Pfeffer; Alufolie*

POLENTAPLÄTZCHEN
mit Austernpilzrahm

3 *Schalotten*
1 EL *Butter*
400 g *Sahne*
100 g *Polenta (Maisgrieß)*
300 g *Austernpilze*
1 EL *frisch gehackte gemischte Kräuter*

Schalotten schälen und fein würfeln. **Butter** in einem Topf erhitzen, die Hälfte der **Schalottenwürfel** darin andünsten. 200 ml Wasser, 200 g **Sahne** und 1 Prise **Salz** einrühren. Aufkochen, die Hitze reduzieren, **Polentagrieß** einrühren. Bei geringer Hitze unter gelegentlichem Rühren 5–6 Minuten köcheln lassen.

Backblech mit Alufolie auslegen, diese mit **Pflanzenöl** bestreichen. **Polenta** etwa 2 cm hoch daraufstreichen. Vollständig auskühlen lassen, dann mit einem sternförmigen Ausstecher Plätzchen ausstechen.

Pilze putzen und klein schneiden. 2 Esslöffel **Pflanzenöl** erhitzen, darin die restlichen **Schalotten** andünsten. **Pilze** hinzufügen, einige Minuten braten und mit 200 g **Sahne** aufgießen. Mit **Salz** und **Pfeffer** würzen, mit **Kräutern** verfeinern. Warm halten.

In einer Pfanne 2 Esslöffel **Pflanzenöl** erhitzen, die **Polentaplätzchen** auf beiden Seiten knusprig braten.

TIPP

Dazu schmeckt ***Rotkohlrohkost mit Orangensaft*** *(S. 26) als Beilage und zum Abschluss* ***Gorgonzola mit Feigen und Mandeln*** *(S. 60).*

1

2

3

4

5

6

4 *Personen* | **30 MIN** *Zubereitung* **1 STD** *Garzeit* | *Pflanzenöl, Salz, Pfeffer*

KARTOFFELKUCHEN
mit Zucchini

1 kg *mehligkochende Kartoffeln*

1 *Zwiebel*

1 *Zucchini*

2 *Möhren*

50 g *würziger Käse, frisch gerieben*

2 *Eier*

Die **Kartoffeln** waschen, schälen und in **Salzwasser** in etwa 30 Minuten garen. Inzwischen die **Zwiebel** schälen und fein würfeln. Die **Zucchini** waschen, von den Stielenden befreien und in dünne Scheiben schneiden. Die **Möhren** waschen, schälen und ebenfalls in dünne Scheiben schneiden.

Backofen auf 200 °C (Ober-/Unterhitze) vorheizen, eine Springform mit Backpapier auskleiden. Die gegarten **Salzkartoffeln** noch heiß durch die Kartoffelpresse drücken. Mit **Zwiebelwürfeln,** der Hälfte des **Käses** und den **Eiern** vermischen. Mit **Salz** und **Pfeffer** würzen.

Die **Kartoffelmasse** in die Springform füllen und andrücken. **Zucchini-** und **Möhrenscheiben** schuppenförmig darauf anordnen. Den restlichen **Käse** mit 3 Esslöffel **Olivenöl** verrühren und über das **Gemüse** geben. Im vorgeheizten Backofen in etwa 30 Minuten fertig backen.

TIPP

Wenn Kinder mitessen, ersetzen Sie den Weißwein durch Gemüsebrühe. Als Vorspeise ***Ananassalat mit Curry-Orangen-Dressing*** *(S. 14) und als Dessert* ***Aprikosenquark mit Mandeln*** *(S. 54) servieren.*

1 

2 

3 

4 

5 

6 

4 *Personen* | **30 MIN** *Zubereitung* | *Salz, Olivenöl, Pfeffer, Cayennepfeffer*

LAUCH-TAGLIATELLE
mit Walnüssen

1 große Stange *Lauch*
100 g *Walnusskerne*
500 g *Tagliatelle*
200 ml *trockener Weißwein*
200 ml *Sahne*
100 g *Parmesan, frisch gerieben*

Den **Lauch** putzen, längs einschneiden und gründlich waschen. Quer in dünne Scheiben schneiden, diese halbieren. Die Hälfte der **Walnusskerne** klein hacken und im Mörser grob zerreiben. In einer heißen Pfanne ohne Fett zuerst die zerriebenen, dann die ganzen **Kerne** kurz rösten.

Die **Nudeln** nach Packungsangabe in reichlich **Salzwasser** bissfest garen. Etwa 5 Minuten vor Ende der Garzeit den **Lauch** dazugeben und mitkochen.

In einer großen Pfanne 3 Esslöffel **Olivenöl** erhitzen, die gemörserten **Nüsse** einrühren. Nach 2 Minuten mit **Weißwein** ablöschen und mit **Sahne** aufgießen. Kurz einkochen lassen; mit **Salz, Pfeffer** und **Cayennepfeffer** würzen.

Tagliatelle und **Lauch** abgießen, in der Soße schwenken. Die Hälfte des **Parmesans** untermischen. Mit übrigen **Walnüssen** und **Parmesan** bestreut servieren.

TIPP

Dieses fruchtig-leichte Dessert schmeckt nach sättigenden Hauptgerichten. Wenn frische Aprikosen nicht erhältlich sind, können Sie Aprikosen aus der Dose verwenden.

1

2

3

4

5

4 *Personen* | **15 MIN** *Zubereitung*

APRIKOSENQUARK
mit Mandeln

500 g *Aprikosen*

500 g *Quark (40 % Fett i. Tr.)*

3–4 EL *Zucker*

100 g *Mandelstifte*

2 TL *ungesüßtes Kakaopulver*

Die **Aprikosen** waschen, entsteinen und in kleine Würfel schneiden. Den **Quark** in einer Schüssel mit **Zucker** verrühren. Die Hälfte der **Aprikosenwürfel** vorsichtig untermischen.

Den **Aprikosenquark**, die übrigen Aprikosenwürfel und die **Mandelstifte** abwechselnd in vier Portionsschalen schichten. Die oberste Schicht sollte **Quark** sein. Mit dem **Kakaopulver** bestäuben.

VARIANTEN

Nach Belieben den Aprikosenquark mit Zimt statt mit Kakaopulver bestäuben. Sie können das Dessert auch mit anderen Obstsorten ausprobieren.

TIPP

Den Pudding entweder warm genießen oder in kalt ausgespülte Puddingformen füllen und abkühlen lassen.

1 

2 

3 

4 

4 *Personen* | **20 MIN** *Zubereitung*

Schokoladen-PUDDING

500 ml *Milch*

2 EL *Zucker*

2 EL *Speisestärke*

2 EL *ungesüßtes Kakaopulver*

Von der **Milch** eine kleine Schöpfkelle abnehmen, mit **Zucker, Speisestärke** und **Kakaopulver** glatt rühren. Die übrige **Milch** in einen Topf geben und aufkochen.

Sobald die **Milch** kocht, die angerührte **Milch-Kakao-Mischung** einrühren. So lange rühren, bis die **Milch** dicklich wird.

TIPP

Dazu passt Pflaumenkompott.

1 

2 

3 

4–6 *Personen* | **15 MIN** *Zubereitung* **4 STD** *Tiefkühlzeit* | *Zimt; Alufolie*

PARFAIT
mit Zimt

250 g *Sahne*

100 g *Zucker*

2 *Eigelb*

Die **Sahne** mit 1 Prise **Zucker** steif schlagen. Den restlichen **Zucker** mit den **Eigelben** und 1 Teelöffel **Zimt** in einer Schüssel cremig rühren. Die **Sahne** locker untermischen.

Eine Kastenform (24 cm Länge) mit Alufolie auskleiden. Die **Zimtsahne** einfüllen, mit Alufolie abdecken und die Form mindestens 4 Stunden ins Tiefkühlfach stellen.

Das Parfait zum Servieren antauen lassen, aus der Form stürzen und in Scheiben schneiden.

1

2

3

4

4 *Personen* | **25 MIN** *Zubereitung* **2 STD** *Kühlzeit* | *Zimt*

GORGONZOLA
mit Feigen und Mandeln

200 g *Zucker*

200 g *ganze Mandeln*

8 *frische Feigen*

200 g *Gorgonzola*

In einer hohen Pfanne den **Zucker**, 1 Messerspitze **Zimt** und 6 Esslöffel Wasser unter ständigem Rühren mit einem Holzlöffel erhitzen.

Die **Mandeln** unterrühren und den Herd ausschalten. So lange weiterrühren, bis sich die **Mandeln** mit dem dicklich werdenden **Zuckersirup** verbinden.

Die mit **Zuckersirup** überzogenen **Mandeln** auf Backpapier verteilen und mindestens 2 Stunden auskühlen lassen. Die **Feigen** waschen und vierteln. Den **Gorgonzola** in kleine Stücke schneiden. Die **Feigen** damit belegen und mit den **Mandeln** servieren.

REGISTER

ÜBER DIE AUTORIN

Rose Marie Donhauser arbeitet seit 1988 als Food- und Reisejournalistin, Restauranttesterin und Kochbuchautorin. Viele ihrer Bücher erhielten Auszeichnungen, wie z. B. Silbermedaillen der Gastronomischen Akademie Deutschlands, Goldene Lorbeeren aus der Schweiz oder den Gourmand World Cookbook Award. Die gelernte Köchin, die in Berlin lebt, ist dem Genuss immer auf der Spur. Unterwegs auf Gourmetreisen in der ganzen Welt holt sie sich Anregungen und setzt die Ideen in Rezeptentwicklungen um.

www.donhauser-essklasse.de

ÜBER DIE FOTOGRAFIN

Foodie, Frühaufsteher und Fotografin aus Leidenschaft – diese Begriffe beschreiben Sabrina Sue Daniels wohl am besten. Nach ihrem Archäologiestudium fand sie über Umwege zur Fotografie und absolvierte erfolgreich eine Ausbildung. In ihrem Foodblog www.sabrinasue.de, den sie seit 2013 betreibt, verführt sie ihre Leser mit üppig inszenierten Fotos, leuchtenden Farben und kreativen Rezepten regelmäßig zum gesunden Schlemmen.

ENTSPANNT FESTLICH KOCHEN & BACKEN

Einfach Weihnachtsrezepte
Festtagsküche mit 2–6 Zutaten
ISBN: 978-3-96093-146-1

Einfach Weihnachtsbäckerei
Genial backen
mit 2–6 Zutaten
ISBN: 978-3-96093-136-2

IMPRESSUM

Bibliografische Information der Deutschen Bibliothek.

Die Deutsche Bibliothek verzeichnet diese Publikation in der deutschen Nationalbibliografie.

Detaillierte bibliografische Daten sind im Internet über http://www.dnb.de/ abrufbar.

EIN BUCH DER EDITION MICHAEL FISCHER

2. Auflage 2020

Covergestaltung: Silvia Keller, Pia von Miller

Layout: Silvia Keller, Yvonne Witzan

Satz: Christiane Manz

Redaktion und Lektorat: Christiane Manz

Produktmanagement: Natascha Mössbauer, Kira Uthoff

Fotos: Sabrina Sue Daniels, Frankfurt; außer: S. 11 (Mango), S. 17 (Kokosmilch), S. 17/21 (Ingwer), S. 21 (Orange), S. 29 (Tomaten), S. 29/61 (Gorgonzola), S. 19/25/45 (braune Champignons), S. 55 (Mandeln) von Guido Schmelich, Holzkirchen

ISBN 978-3-7459-0181-8

Gedruckt bei Polygraf Print, Čapajevova 44, 08001 Prešov, Slowakei

www.emf-verlag.de